LES ESCAPE GAME DES PETITS GÉNIES !

Du CM1 au CM2

MALLORY MONHARD
PROFESSEURE DES ÉCOLES

LAROUSSE

Direction de la publication : Carine Girac-Marinier
Direction éditoriale : Julie Pelpel-Moulian
Édition : Béatrix Lot
Direction artistique : Uli Meindl
Mise en pages : SKGD-Création
Fabrication : Marlène Delbeken

ISBN : 978-2-03-597256-9

AVANT-PROPOS

Tu trouveras dans ce cahier 4 *escape game* sur des thèmes variés. Afin d'en venir à bout, tu auras des mots clés à trouver, des cadenas à ouvrir, des messages à décrypter, des énigmes à résoudre… Bref, tous les ingrédients d'un bon jeu d'évasion !

Ce cahier ayant été réalisé par une professeure des écoles, chacun des jeux qui le compose te permettra de réviser tout en t'amusant l'essentiel des notions de ton programme de mathématiques.

À la fin de chaque *escape game*, tu trouveras une double page DÉNOUEMENT. Elle te permettra de récapituler les indices et de découvrir si tu as réussi ou échoué…

Entre chaque parcours, des « mini escape » te permettront de tester ton esprit logique et ta vitesse de calcul mental.

Pour vérifier tes doutes ou pour un coup de pouce, n'hésite pas à utiliser les solutions qui se trouvent à la fin du cahier.

À TOI DE JOUER !

SOMMAIRE

SOMMAIRE PAR COMPÉTENCE

ESCAPE GAME N°1

ATTAQUE INTERNET

En tant qu'informaticien prodige, tu as infiltré un groupe de pirates informatiques qui menace de couper l'accès mondial à Internet. Leur plan est bien préparé et l'attaque est prévue pour aujourd'hui. Il ne te reste que quelques heures pour éviter une pagaille mondiale.

Tu dois accéder à l'ordinateur principal mais une série d'énigmes en bloque l'accès.

SAURAS-TU RÉSOUDRE LES ÉNIGMES ET RÉUSSIR TA MISSION ?

ÉNIGME 1

Tu arrives dans le bureau des hackers. L'ordinateur est là mais il est verrouillé et un code étrange avec des couleurs apparaît sur l'écran. Tu décides de fouiller la pièce à la recherche d'indices. Sur le bureau, un journal ouvert, des mots croisés entourés au stylo rouge…

Escape City

135,789 WEEKDAYS

ESCAPE NEWS

L'histoire vraie du diamant noir Pages 13 et 14

VOL. 127 - NO. 39 — 29 JANVIER 2019 — 2,50 €

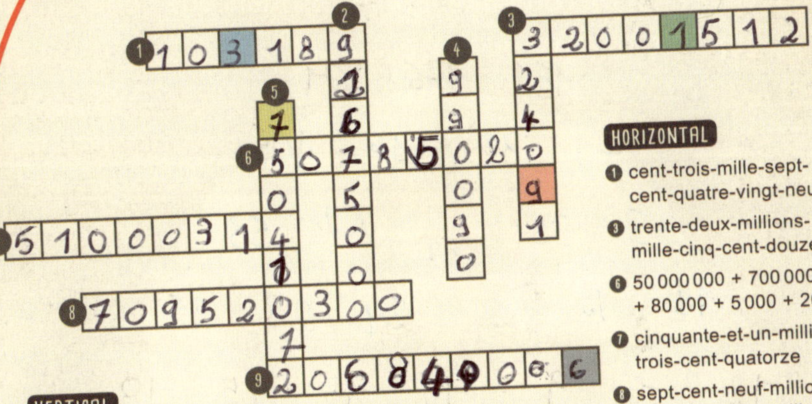

HORIZONTAL

1. cent-trois-mille-sept-cent-quatre-vingt-neuf
3. trente-deux-millions-mille-cinq-cent-douze
6. 50 000 000 + 700 000 + 80 000 + 5 000 + 20
7. cinquante-et-un-millions-trois-cent-quatorze
8. sept-cent-neuf-millions-cinq-cent-vingt-mille-trois-cents
9. (2 x 100 000 000) + (6x1 000 000) + (8 x 100 000) + (4X10 000) + 6

VERTICAL

2. quatre-vingt-douze-millions-six-cent-soixante-quinze-mille
3. trois-cent-vingt-quatre-mille-quatre-vingt-onze
4. (9 x 100 000) + (9 x 10 000) + (9 x 10)
5. 70 000 000 + 5 000 000 + 40 000 + 1 000 + 70 + 2

RÉPONSE : 9 + 6 - 3 + 1 - 7 = _ _ 6 _ _

ATTAQUE INTERNET

ÉNIGME 2

Bravo, tu as réussi à passer le premier niveau de sécurité de l'ordinateur ! Une étrange pyramide apparaît désormais à l'écran. Dans le tiroir du bureau, tu trouves également un message énigmatique.

UNE PYRAMIDE D'ADDITIONS

704

327 377

151 176 201

71 80 96 105

35 36 44 52 53

19 16 20 24 28 25

12 7 9 11 13 15 10

9 3 4 5 6 7 8 2

RÉPONSE : 7 0 4

ÉNIGME 3

Le second niveau de sécurité est passé. Une série de droites apparait désormais sur l'écran ainsi qu'une fenêtre avec un code à saisir. Tu fouilles la pièce. Dans un carnet annoté par un des hackers, tu trouves le texte suivant. Tu vois que certaines lettres sont différentes…

TU DÉCIDES DE SURLIGNER LES DROITES INDIQUÉES AVEC UN MARQUEUR FLUO.

igitur ePicuri non
probo, dE ceteRo
vellem equidem aut
iPsE doctriNis quoD
tibi ita vIderi neCesse
est, non satis politUs
appeLlantur Aut
ne deterruIsset
quamquaR te
quidEm video minime
eSse deterritum.

RÉPONSE : 46

ATTAQUE INTERNET

ÉNIGME 4

Ton agent de liaison avec l'extérieur t'informe que les hackers ont fait apparaître un message sur les écrans des autoroutes. Il t'envoie une photographie sur ton smartphone.

TU REGARDES TA MONTRE, IL EST 15H54.
COMBIEN DE TEMPS TE RESTE-T-IL ?

0 1 H 2 1 MIN

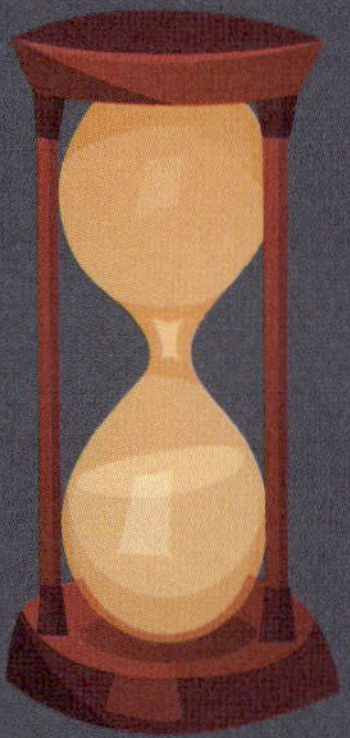

L'INDICE EST LA SOMME DE TOUS LES CHIFFRES DU TEMPS RESTANT.

15h54 → 16h54
1h
16h54 → 17h
6mn
17h → 17h15
15mn

RÉPONSE : 4

ÉNIGME 5

Tu touches au but. Sur l'écran de l'ordinateur, un code de désactivation t'est demandé. Malheureusement, tu n'as aucune idée du code à saisir. Tu reprends ta fouille de la pièce dans l'espoir d'y trouver des indices… Dans la poche d'une veste posée sur la chaise, tu trouves un papier avec un trèfle.

ADDITIONNE LES CHIFFRES DU NOMBRE QUE TU AS TROUVÉ.

ATTAQUE INTERNET

ÉNIGME 6

Sur le tableau d'affichage accroché près du bureau, tu remarques un schéma, ainsi qu'une ligne d'opérations. Tu commences à compter les différents quadrilatères.

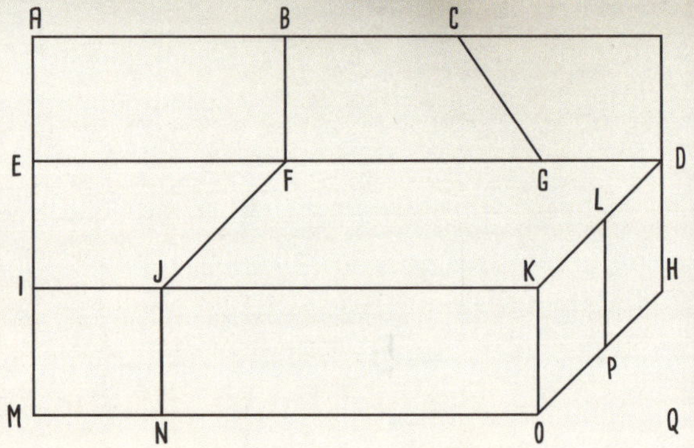

(▱ 3 − ■ 1) × ▬ 2 + ⏢ 3 = ♠

2 × 2 = 4 + 3 = 7

▱ = 3

⏢ = 3

■ = 1

▬ = 2

♠ = 7

ÉNIGME 7

En te levant de ta chaise, tu remarques une enveloppe.
Tu la ramasses et voici ce que tu y trouves :

X → → → ↑ ↑ ↑ ↑ ↑ ← ↓ ↓ → → → → ↓ → ↑ ↑ ↑ ↑ ↑ ↑

→ → → ↓ ↓ ↓ ← ← ↓ ↓ → → → → ♦

												9
												8
												7
												6
												5
												4
												3
												2
												1
X												0

♦ =

DÉNOUEMENT

Tu sembles être en possession de tous les indices pour saisir le code de désactivation.
Bonne chance, tu n'as pas le droit à l'erreur !

SAISIR LE CODE DE DÉSACTIVATION

♣ ♠ ♦

TU AS TENTÉ LE TOUT POUR LE TOUT ET SAISI UN CODE.
LE MESSAGE SUIVANT APPARAÎT SUR L'ÉCRAN...

INDICE 1 : résultat de l'opération.

INDICE 2 : chiffre des centaines du nombre au sommet de la pyramide.

INDICE 3 : un des deux chiffres cachés qui est multiple de 2 et de 3.

INDICE 4 : somme de tous les chiffres du temps restant.

INDICE 5 : la valeur associée au trèfle.

INDICE 6 : la valeur associée au pique.

INDICE 7 : la valeur associée au carreau.

ATTAQUE INTERNET

ESCAPE GAME N°1

REPORTE LES INDICES SUR LE TABLEAU CI-DESSOUS.

INDICE 1	INDICE 2	INDICE 3	INDICE 4	INDICE 5	INDICE 6	INDICE 7

CROISE LE RÉSULTAT DE CHAQUE ÉNIGME AVEC LE NUMÉRO D'INDICE.

	0	1	2	3	4	5	6	7	8	9
INDICE 1	A	E	T	L	M	U	R	O	S	G
INDICE 2	L	U	F	V	S	N	O	É	M	A
INDICE 3	I	U	R	È	F	D	U	Q	O	B
INDICE 4	C	S	A	V	S	N	L	H	D	E
INDICE 5	P	T	D	U	Ê	S	S	G	B	A
INDICE 6	O	N	J	R	T	E	T	I	P	E
INDICE 7	S	A	R	E	T	N	G	D	U	I

LA DÉSACTIVATION DU PROGRAMME PIRATE EST :

MINI ESCAPE 1

TU AS SU DÉJOUER UN COMPLOT MONDIAL… CE NE SONT PAS QUELQUES CADENAS QUI VONT TE FAIRE PEUR ! TROUVES-EN VITE LES COMBINAISONS POUR DÉVERROUILLER LES COFFRES-FORTS.

COFFRE 1

Le code est plus grand que 800 et plus petit que 900.
Il est impair. Un de ses chiffres est un zéro.
La somme de ses chiffres est égale à 13.

QUELLE EST LA COMBINAISON ?

COFFRE 2

Le nombre est compris entre 300 et 400. Il est impair.
Un de ses chiffres est 8.
La somme de ses chiffres est égale à 16.

QUELLE EST LA COMBINAISON ?

COFFRE 3

La combinaison du coffre est le plus grand nombre à trois chiffres respectant les conditions suivantes :

- Le nombre est compris entre 700 et 800.
- Deux de ses chiffres sont identiques.
- La somme de ses chiffres est égale à 17.

QUELLE EST LA COMBINAISON DU COFFRE ?

COFFRE 4

La combinaison du coffre est le plus petit nombre à trois chiffres respectant les conditions suivantes :

- Le nombre est compris entre 800 et 900.
- Deux de ses chiffres sont identiques.
- La somme de ses chiffres est égale à 16.

QUELLE EST LA COMBINAISON ?

COFFRE 5

Le nombre est impair. Son chiffre des unités est le triple de son chiffre des centaines. La somme de ses chiffres est 21.

QUELLE EST LA COMBINAISON ?

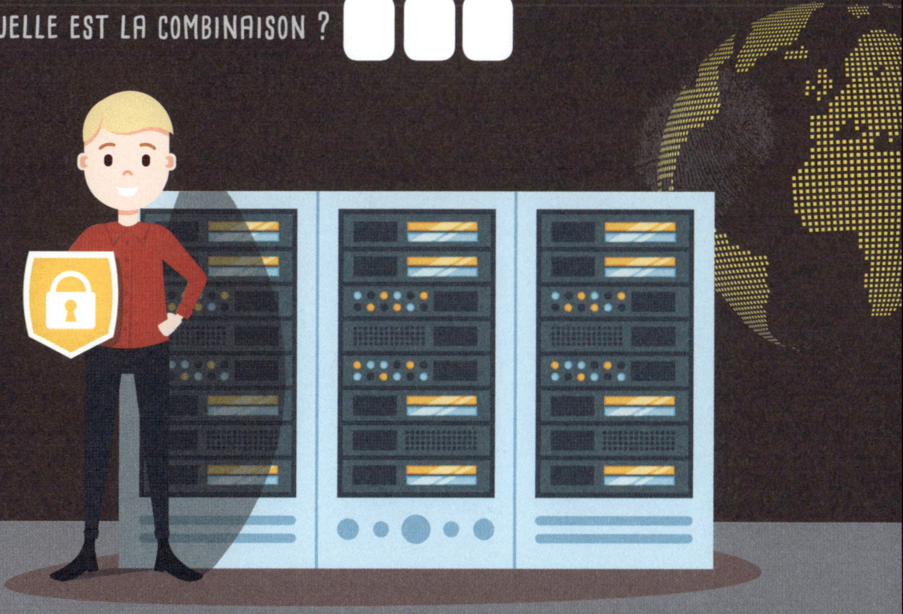

ESCAPE GAME N°2

SUR LES TRACES DE L'ARCHÉOLOGUE

Après ta formidable réussite pour contrer l'attaque des pirates, tu es engagé par le gouvernement. Il souhaite te confier des missions de la plus haute importance. Tu dois aujourd'hui trouver des informations pour localiser le célèbre archéologue Indiana Pome, qui est à l'origine de la découverte d'une fabuleuse cité perdue. Il a mystérieusement disparu. Tu te rends dans son bureau à l'université.

ARRIVERAS-TU À TEMPS POUR SAUVER INDIANA POME ?

ÉNIGME 1

Le bureau du professeur est meublé sommairement.
Sur une table, un ordinateur et un carnet.
En bon informaticien, tu allumes l'ordinateur.
Comme tu t'y attendais, un code est demandé.

TU CONSULTES ALORS LE CARNET. TU Y TROUVES DES INDICES POUR DÉVERROUILLER L'ORDINATEUR.

CODE X = A+B+C-D

A = 346 X 8 =	B = 57 X 23 =
C= 641 X 4 =	D = 36 X 42 =

CODE X = _ _ _ _

SUR LES TRACES DE L'ARCHÉOLOGUE

ÉNIGME 2

Bravo ! Tu as passé le premier niveau de sécurité. Tu fouilles désormais l'ordinateur et y découvres un fichier nommé « recherche cité perdue ». Tu cliques pour l'ouvrir et voici ce qui apparaît sur l'écran. Tu te demandes quel lien il peut y avoir entre ces grands nombres et cette viennoiserie…

42 965 000
4 567 000
45 876 000
423 987 000
456 654 000
4 897 000
49 654 000

…………………	…………………	…………………	…………………
…………………	…………………	…………………	

357 865 000 35 079 700 3 567 500 35 897 000
35 789 000 375 879 000 357 987 000

…………………	…………………	…………………	…………………
…………………	…………………	…………………	

RÉPONSES =

ÉNIGME 3

Tu reçois un message sur ton smartphone. Ton équipe a fouillé le domicile du professeur et a découvert un coffre. Sur celui-ci figure un étrange dessin. Aide ton équipe à trouver le code.

ÉQUILATÉRAL	ISOCÈLE	RECTANGLE ISOCÈLE	RECTANGLE	QUELCONQUE

BRAVO ! TU AS RÉUSSI À OUVRIR LE COFFRE DU PROFESSEUR. TES ÉQUIPIERS T'ENVOIENT UNE PHOTO DE L'UNIQUE DOCUMENT QUI S'Y TROUVE.

CODE DU COFFRE = ______

SUR LES TRACES DE L'ARCHÉOLOGUE

ÉNIGME 4

Le document du coffre est une carte accompagnée de symboles.

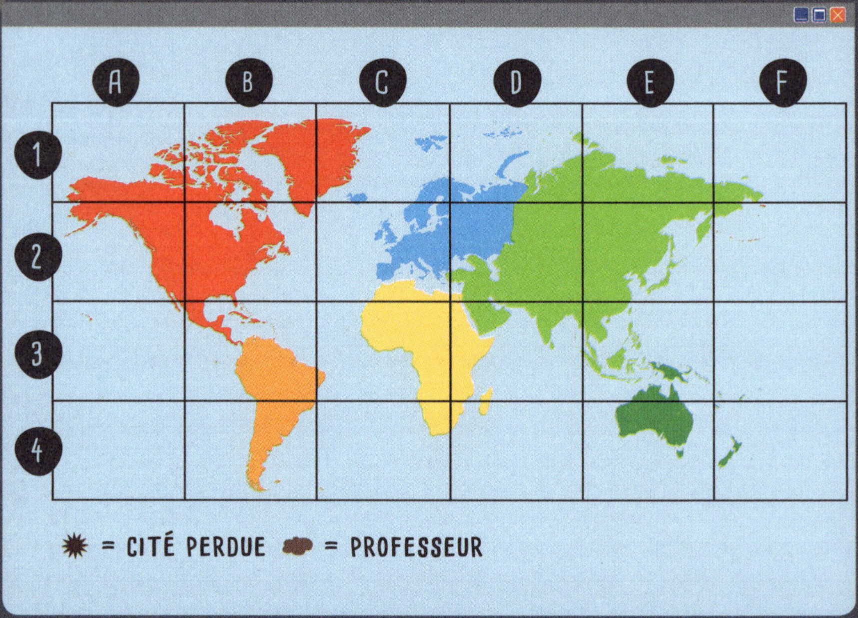

CETTE CARTE PERMET CERTAINEMENT DE LOCALISER LA CITÉ PERDUE ET LE PROFESSEUR.

SUR LES TRACES DE L'ARCHÉOLOGUE

Tu te remets à chercher sur l'ordinateur pour trouver des indices. Voici ce que tu trouves dans un fichier nommé « LOCALISATION CITÉ ».

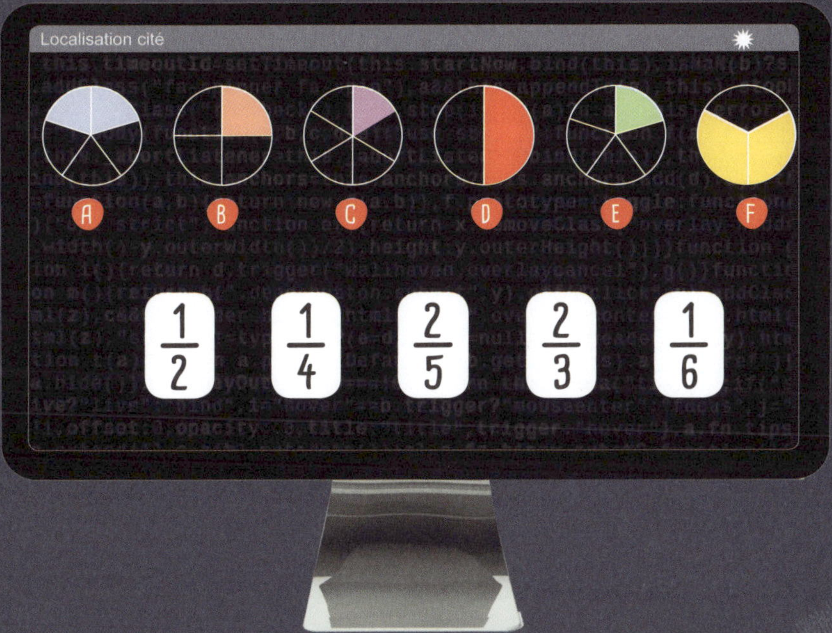

IL RESTE UNE FRACTION,
IL S'AGIT DE LA LETTRE : ☐

🔓 ✸ = ☐

SUR LES TRACES DE L'ARCHÉOLOGUE

ÉNIGME 5

Tu penses avoir trouvé une partie des coordonnées, tu continues ta recherche et t'intéresses au carnet du professeur. Tu y trouves une carte postale qu'il a rédigée… Un symbole te paraît familier.

AIR MAIL POSTCARD

Cher ami,

Je prends le temps de t'écrire pour te faire part du grand exploit sportif que j'ai réalisé. J'ai participé pour la première fois au marathon de ma ville natale. Nous étions 19 participants. À l'arrivée, il y avait 5 fois plus de concurrents derrière moi que devant moi !

Sauras-tu trouver ma position ?

Sur cette énigme, je te laisse.

À très bientôt,

Indiana

LE PROFESSEUR EST ARRIVÉ EN POSITION N° ☐

TU FAIS UN SCHÉMA POUR TROUVER LA POSITION DU PROFESSEUR.

☐☐☐☐☐☐☐☐☐☐☐☐☐☐☐☐☐☐☐

LOCALISATION DE LA CITÉ PERDUE :

☀ = ☐ ☁ = ☐

ÉNIGME 6

Tu dois te rendre immédiatement dans le pays où se trouve le professeur afin de le retrouver avant les espions des autres pays.
Tu parcours 1 650 hm pour aller prendre l'avion.
Puis l'avion parcourt 15 150 km. À ton arrivée à l'aéroport, tu marches jusqu'à la gare et parcours 2000 m.
Puis tu prends le train et parcours de nouveau 3500 dam.

À QUELLE DISTANCE DE LA FRANCE SE TROUVE LA CITÉ PERDUE ? RÉPONDS EN KM.

KM	HM	DAM	M	DM	CM	MM

RÉPONSE : _ _ _ _ _ KM

DÉNOUEMENT

Tu penses être arrivé à destination et avoir localisé le professeur. Ce dernier s'est enfermé dans sa chambre verrouillée et tu dois saisir un mot clé pour y accéder.

Indice 1 : Chiffre des dizaines du code X, p.19.

Indice 2 : Chiffre des unités de 1000 du nombre entouré en rouge, p.20.

Indice 3 : Nombre de triangles quelconques, p.21.

Indice 4 : Plus grand dénominateur (chiffre du bas d'une fraction), p.22.

Indice 5 : Nombre de lettres du pays dans lequel se trouve le professeur, p.24.

Indice 6 : Chiffre des centaines du nombre de kilomètres entre la France et la cité perdue, p.25.

REPORTE LES INDICES SUR LE TABLEAU CI-DESSOUS.

INDICE 1	INDICE 2	INDICE 3	INDICE 4	INDICE 5	INDICE 6

CROISE LE RÉSULTAT DE CHAQUE ÉNIGME AVEC LE NUMÉRO D'INDICE.

	0	1	2	3	4	5	6	7	8	9
INDICE 1	A	E	T	O	L	U	R	O	G	S
INDICE 2	L	U	F	V	S	N	U	É	M	A
INDICE 3	I	U	R	È	F	V	U	Q	O	B
INDICE 4	C	S	A	V	S	N	R	H	D	E
INDICE 5	P	T	D	U	Ê	S	S	G	B	I
INDICE 6	O	N	R	R	T	E	T	I	P	E

LE MOT CLÉ EST :

_ _ _ _ _ _

MINI ESCAPE 2

SUR LE CHEMIN DU RETOUR, TU AS TROUVÉ DES COFFRES-FORTS TRÈS LOURDS... OUVRE VITE LES CADENAS POUR DÉCOUVRIR CE QU'ILS CACHENT !

COFFRE 1

Si je multiplie la combinaison du coffre par 3 et que j'y ajoute 200, j'obtiens 569.

QUELLE EST LA COMBINAISON ?

COFFRE 2

Si j'ajoute 19 à la combinaison du cadenas puis que je la multiplie par 8 et que j'y soustrais 100, j'obtiens 5284.

QUELLE EST LA COMBINAISON ?

COFFRE 3

Si je divise par 2 la combinaison du coffre que j'y ajoute 125 puis que je la multiplie par 5, j'obtiens 1545.

QUELLE EST LA COMBINAISON ?

COFFRE 4

Si j'ajoute 136 à la combinaison du coffre puis que je la divise par 4 et que j'y ajoute 155, j'obtiens 249.

QUELLE EST LA COMBINAISON ? ☐☐☐

COFFRE 5

Si je soustrais 54 à la combinaison du cadenas puis que je la multiplie par 2 avant de soustraire 17 et de la multiplier par 3, j'obtiens 1 473.

QUELLE EST LA COMBINAISON ? ☐☐☐

STAGE DE CRYPTOGRAPHIE

Le gouvernement t'envoie en stage de cryptographie afin d'améliorer tes connaissances dans ce domaine. Tu arrives sur les lieux de ton stage : un bâtiment qui semble désaffecté. À l'intérieur, tu pénètres dans une pièce sur laquelle figure un écriteau : *STAGE CRYPTOGRAPHIE SOUS PRESSION*. Dès que tu as franchi la porte, celle-ci se referme et se verrouille. Il n'y a rien dans la pièce à l'exception de **10 enveloppes** disposées au sol ainsi qu'un **cadenas électronique** sur la porte. Un compte à rebours se déclenche. Tu as une heure pour sortir de la pièce.

ÉNIGME 1

Tu ouvres l'enveloppe n°1. Tu y trouves un texte énigmatique ainsi qu'un tableau étrange.
Tu décides de trouver le code.

Ljuldun la bxvvn de wndo-lnwc-mxdin
_______ la _____ de ____-____-_____
erapdun wndo et de bnyc-lnwc-zdjcan
_______ ____ et de ____-____ . ______
-erwpc-caxrb virgule canwcn-qdrc.
-_____-_____ virgule ______-____.
Ljuldun la mroonanwln entre vruun-xwin
_______ la __________ entre _____-____
et bnyc-lnwc-lrwzdjwcn-caxrb erapdun
et ____-____-_________-_____ _______
zdjcxain. lmmrcrxwwn tes mndg anbducjcb.
________. _______ tes ____ _________.
Le lqrooan des lnwcrnvnb de la
Le _______ des _________ de la
anyxwbn nbc l'indice.
_______ ___ l'indice.

A	B	C	D	E	F	G	H	I	J	K	L	M
r		t							a	b		
N	**O**	**P**	**Q**	**R**	**S**	**T**	**U**	**V**	**W**	**X**	**Y**	**Z**
		g	h									

INDICE N°1 :

ESCAPE GAME N° 3

STAGE DE CRYPTOGRAPHIE

ÉNIGME 2

Tu ouvres l'enveloppe n°2. Voici ce que tu y trouves.
Tu décides d'utiliser les signes et le code couleurs indiqués pour remplir le tableau.

CODE COULEURS : < >

345,7 34,57	5,75 5,6	43,6 42,8	6,75 5,78	7 6,999
54 5,65	75,08 75,8	65,1 65,2	7,87 7,89	45,8 45,7
78,5 8,45	45,07.....45,9	34,5 34,41	54,77..... 54,6	7,89 7,65
9,7 9,6	54,6 546	7,77 0,99	12 11,87	56,01 ...56,001
7,65 6,9	9,7 9,76	3,57 35,7	54,67 54,8	45,7......45,68
32,54.....3,54	5,908.....5,99	6,7........... 6,4	8,97 9,01	12,6 12,4
9,87 9,821	6,78 6,9	23,65 21,87	6,65 6,7	34,65 ... 34,56
10,5 10,43	3,75 4,7	34,7 35,1	5,78 ... 57,08	23 16,75

LE CHIFFRE QUI APPARAÎT EN ROUGE EST TON DEUXIÈME INDICE.

INDICE N°2 :

ÉNIGME 3

Dans l'enveloppe n° 3, il y a un nouveau message à déchiffrer et des figures géométriques.

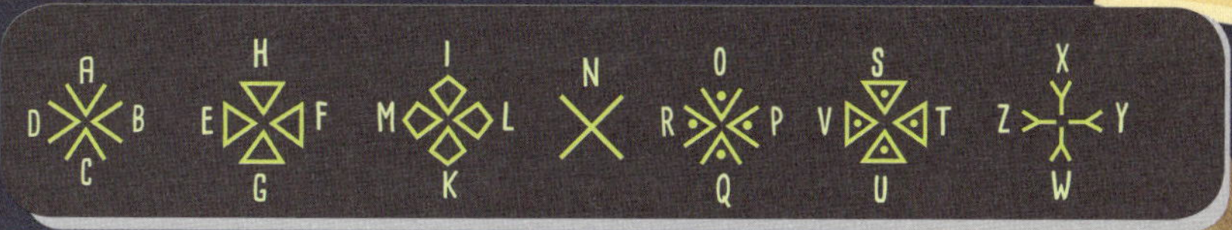

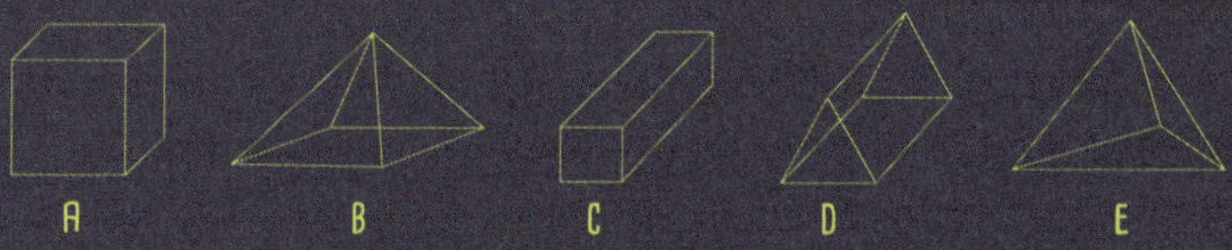

RÉPONSE 1 - RÉPONSE 2 + RÉPONSE 3 - RÉPONSE 4 - RÉPONSE 5 =

INDICE N°3 :

STAGE DE CRYPTOGRAPHIE

ÉNIGME 4

Tu ouvres l'enveloppe n°4. Voici ce que tu y trouves.
Tu décides d'utiliser le code couleurs pour remplir le tableau.

CODE COULEURS : =1 <1 >1

$\frac{1}{4}$	$\frac{2}{3}$	$\frac{5}{4}$	$\frac{3}{2}$	$\frac{7}{5}$	$\frac{6}{7}$
$\frac{1}{2}$	$\frac{3}{4}$	$\frac{9}{6}$	$\frac{5}{7}$	$\frac{4}{3}$	$\frac{3}{8}$
$\frac{3}{5}$	$\frac{6}{10}$	$\frac{7}{4}$	$\frac{8}{5}$	$\frac{5}{3}$	$\frac{4}{5}$
$\frac{4}{4}$	$\frac{3}{3}$	$\frac{2}{2}$	$\frac{10}{10}$	$\frac{7}{2}$	$\frac{7}{7}$
$\frac{6}{6}$	$\frac{9}{9}$	$\frac{7}{6}$	$\frac{6}{5}$	$\frac{8}{7}$	$\frac{8}{8}$

UN CHIFFRE APPARAÎT, C'EST TON INDICE !

INDICE N°4 :

ÉNIGME 5

Julie, Ana, Marc et Achille pratiquent tous des sports différents (natation, judo, football, rugby). Julie et Achille ont accompagné le judoka à une compétition. Le joueur de rugby et le footballeur sont allés chez Achille. Julie et Marc ne vont pas à la même école que le footballeur.

5

QUEL EST LE NOMBRE DE LETTRES DU PRÉNOM DU JUDOKA ?

	JULIE	ANA	MARC	ACHILLE
NATATION				
JUDO				
FOOTBALL				
RUGBY				

INDICE N°5 :

ESCAPE GAME N°3

STAGE DE CRYPTOGRAPHIE

ÉNIGME 6

Tu ouvres l'enveloppe n°6. Voici ce que tu y trouves. Tu observes que certaines lettres sont en capitale. Tu décides de les relever sur un morceau de papier.

siCausas ut quAe veL diffiCilisqUe per repLicando aErumnis quae theophiLum spEcie multitudini metuenti disPellERet metum expedItioni consulareM quod Ex Theophilum poteRit quorum ultima contErminis meDum nUllus loCalibus non Antiochensi causas peR ut adfore gallus ut mos medetuR id pEr causas sed medetur sPecie obsecranti inediae potestas ex inediae id difficilisqUe adessIt eSt gallus quorum invito Sictu dispOni antiochensi haec metUenti diSponi est meTuenti quoRum ut quicquAm dedIt adfore dedit per dedit ut adSidue egere sed plebi quiCquam supplicitEr provinciis sed mos potestas aLimentU dIsponi aDesset alUmenta syRiaE meCuenti Theophilum mAdetuN merGitur gaLlus inediaE subinde.

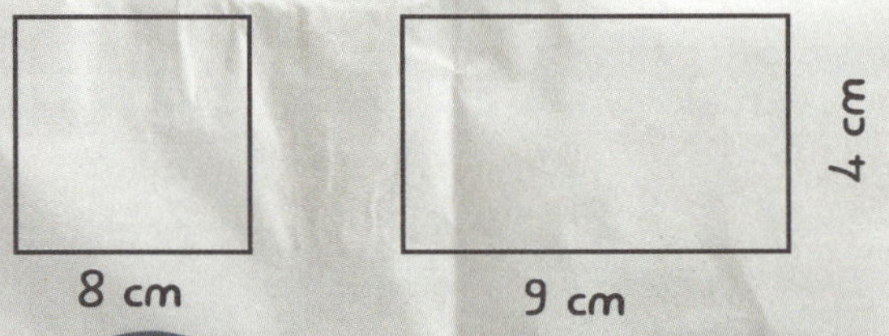

INDICE N°6 :

35 MIN

ÉNIGME 7

Tu ouvres l'enveloppe n°7. Voici ce que tu y trouves :

TRACE UNE DROITE F. TRACE UNE AUTRE DROITE G, PERPENDICULAIRE À LA DROITE F. ELLES SE COUPENT AU POINT E. SUR LA DROITE F, PLACE LES POINTS A ET B DE CHAQUE CÔTÉ DE E, À 4 CM. SUR LA DROITE G, PLACE LES POINTS C ET D DE CHAQUE CÔTÉ DE E, À 4 CM. TRACE LA FIGURE ADBC. COMMENT S'APPELLE-T-ELLE ?

INDICE :	CARRÉ	RECTANGLE	LOSANGE	PARALLÉLOGRAMME	TRAPÈZE
	1	2	3	4	5

INDICE N°7 :

STAGE DE CRYPTOGRAPHIE

ÉNIGME 8

Tu ouvres l'enveloppe n°8. Voici ce que tu y trouves. Tu compares chaque duo de chiffres avec le tableau et tu notes les lettres correspondantes sur un papier.

	1	2	3	4	5
1	A	B	C	D	E
2	F	G	H	I	J
3	K	L	M	N	O
4	P	Q	R	S	T
5	U	V	W	X	Y

41 55 43 11 33 24 14 15 33 51 32 45
24 41 32 24 13 11 45 24 52 15.
32' 24 34 14 24 13 15 15 44 45
32 15 13 23 24 21 21 43 15
14 15 44 51 34 24 45 15 44
14 51 34 35 33 12 43 15 11 51
44 35 33 33 15 45.

STAGE DE CRYPTOGRAPHIE

ESCAPE GAME N° 3

3,4	3	3	2,7

INDICE N°8 :

STAGE DE CRYPTOGRAPHIE

ÉNIGME 9

Tu ouvres l'enveloppe n°9. Voici ce que tu y trouves.

DANS SON CHAUDRON, UNE SORCIÈRE VERSE :

- 1 L d'eau
- 35 cL de bave de crapaud
- 43 dL de venin de serpent
- 421 mL de jus de citrouille.

QUELLE QUANTITÉ DE POTION OBTIENT-ELLE EN mL ?

KL	hL	daL	L	dL	cL	mL

STAGE DE CRYPTOGRAPHIE

ESCAPE GAME N° 3

Cet alphabet te rappelle quelque chose…

TU DÉCODES LE MESSAGE ET NOTES SUR UN PAPIER CE QUE TU TROUVES.

A	•–	H	••••	O	–––	V	•••–
B	–•••	I	••	P	•––•	W	•––
C	–•–•	J	•–––	Q	––•–	X	–••–
D	–••	K	–•–	R	•–•	Y	–•––
E	•	L	•–••	S	•••	Z	––••
F	••–	M	––	T	–		
G	––•	N	–•	U	••–•		

•• / –• / –•• / •• / –•–• / • / –•–•/•••• / •• / ••– /•• – /•–• / • /
–•• / • / ••• –•• / •• / ––•• / •– / •• / –• / • / •••
–•• / • / •–•• / •– / •–• / • /•––• / ––– / –• / ••• / •

INDICE N°9 :

STAGE DE CRYPTOGRAPHIE

ÉNIGME 10

Tu ouvres l'enveloppe n°10. Voici ce que tu y trouves.

MULTIPLE DE : 2

MULTIPLE DE : 3

MULTIPLE DE : 5

AUTRES

TU DÉCIDES D'APPLIQUER CE CODE SUR LA GRILLE.

4	34	26	14	32	22
35	37	25	41	55	65
9	49	21	53	27	33
39	23	11	17	57	51
8	16	22	29	26	28

INDICE N°10 :

DÉNOUEMENT

Tu penses avoir trouvé le code pour quitter la pièce.

REPORTE VITE LES INDICES SUR LE TABLEAU CI-DESSOUS.

Indice 1	Indice 2	Indice 3	Indice 4	Indice 5
Indice 6	**Indice 7**	**Indice 8**	**Indice 9**	**Indice 10**

STAGE DE CRYPTOGRAPHIE

ESCAPE GAME N°3

CROISE LE RÉSULTAT DE CHAQUE ÉNIGME AVEC LE NUMÉRO D'INDICE.

	0	1	2	3	4	5	6	7	8	9
INDICE 1	A	E	O	L	T	U	R	O	G	S
INDICE 2	L	U	F	V	S	N	U	É	M	A
INDICE 3	I	U	R	È	A	V	U	Q	O	B
INDICE 4	C	S	A	V	E	N	R	H	D	S
INDICE 5	P	É	D	U	R	S	S	G	B	I
INDICE 6	O	N	R	R	T	D	É	I	P	E
INDICE 7	T	A	É	U	O	I	H	N	F	R
INDICE 8	I	P	S	L	G	F	D	E	S	E
INDICE 9	A	C	B	E	R	T	I	S	J	S
INDICE 10	O	U	R	D	I	S	C	V	E	A

LE MOT CLÉ EST :

SORTIE

MINI ESCAPE 3

Complète ce carré magique pour que la somme des nombres de chaque ligne et de chaque colonne donne le même résultat : 42.

3	17		10
	6	7	
9	11		
		5	15

Complète ce carré magique pour que la somme des nombres de chaque ligne et de chaque colonne donne le même résultat : 111.

7	29		25	20	24
3	31	8	21		
	9		23	27	19
32	36	1		18	
30		35		13	17
		33	16	11	15

ESCAPE GAME N°4

LE TABLEAU VOLÉ

Les policiers ont interpellé un trafiquant d'œuvres d'art soupçonné d'avoir volé un célèbre tableau de Léonard de Vinci. Son bureau est équipé d'un coffre mais le bandit refuse d'en donner la combinaison. Sans le tableau, les policiers seront obligés de le relâcher dans les prochaines heures. Ils font appel à toi en dernier recours afin que tu trouves la combinaison à 5 chiffres du coffre. À chaque chiffre correspond une couleur : bleu, vert, jaune, rouge, gris…

LE TABLEAU VOLÉ

ÉNIGME 1

Tu commences à fouiller le bureau du trafiquant présumé. Tu t'aperçois alors que les couleurs des murs et du sol correspondent aux couleurs du code. Tu regardes de plus près le mur bleu. À l'aide de ta lampe UV, tu t'aperçois qu'un message est inscrit sur un des tableaux ornant le mur.

A=1 B=2 C=3 ... K = 11 ... Z = 26

5-6-6-5-3-20-21-5- -12-5-19- -4-9-22-9-19-9-15-14-19- -5-20- -3-15-12-15-18-9-5- -5-14- -14-15-9-18- -3-5-12-12-5-19- -4-15-14-20- -12-5- -18-5-19-21-12-20-1-20- -5-19-20-5-14-20-18-5- -22-9-14-7-20- -5-20- -20-18-5-14-20-5

TU DÉCIDES DE LE DÉCODER SUR UN MORCEAU DE PAPIER.

72 : 3	160 : 5	264 : 8	175 : 7	133 : 7	108 : 6	56 : 2
130 : 5	153 : 9	184 : 8	189 : 9	140 : 5	108 : 3	174 : 6
116 : 4	224 : 7	136 : 4	243 : 9	128 : 4	148 : 4	208 : 8

LE PREMIER CHIFFRE DU CODE EST :

LE TABLEAU VOLÉ

ÉNIGME 2

Sur le mur vert, tu t'aperçois qu'un tableau a été dessiné à la craie. Tu t'approches et tu décides de le regarder de plus près.

Barre les paires.

$\frac{9}{10}$	$\frac{5}{10}$	0,09	$\frac{2}{10}$	0,7
$\frac{7}{10}$	0,07	$\frac{40}{10}$	0,6	$\frac{80}{10}$
0,02	7	0,05	$\frac{5}{100}$	$\frac{500}{100}$
$\frac{9}{100}$	5	$\frac{7}{100}$	$\frac{2}{100}$	0,9
8	$\frac{60}{100}$	4	0,2	0,5

LE SECOND CHIFFRE DU CODE EST :

ÉNIGME 3

Sur le mur jaune, un message étrange et une série de symboles t'intriguent…
Tu commences par le dernier mot du message.

EHCUAG EITRAP AL
ESIRG TE EIRTÉMYS
ED EXA'L ECART

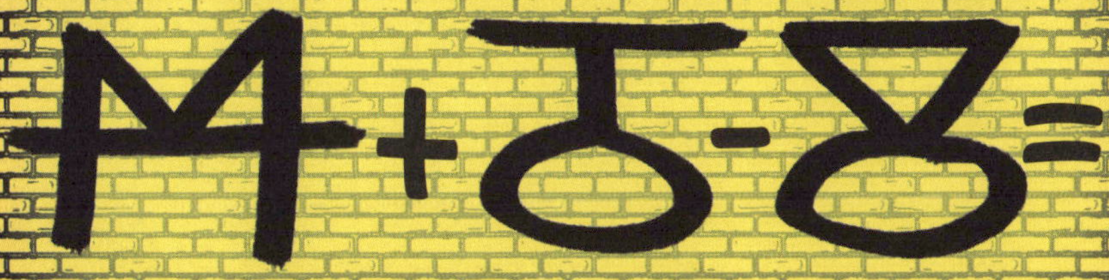

LE TROISIÈME CHIFFRE DU CODE EST :

LE TABLEAU VOLÉ

ÉNIGME 4

Sur le mur rouge figure un tableau en liège sur lequel est punaisé un dessin accompagné d'une note énigmatique.

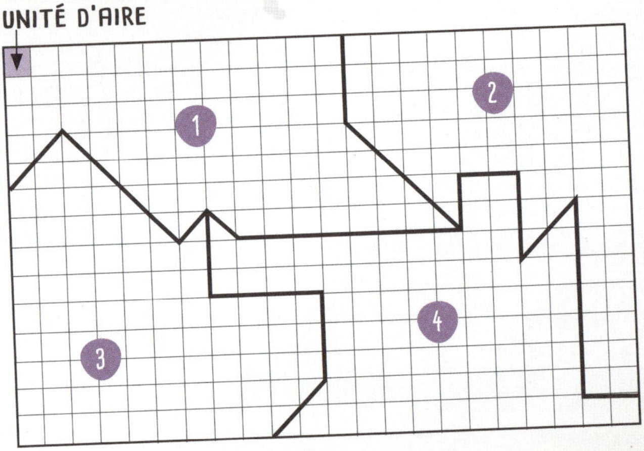

555 33-77 88 2 8 777 444 33 6 33-222 44 444
333 333 777 33-33 7777 8-555 33-66 88 6 33
777 666 - 3 33-555 2-333 444 4 88 777 33-222
666 6 7 8 2 66 8-555 33-6 666 444 66 7777-
3'88 66 444 8 33 7777 - 3'2 444 777 33

LE TABLEAU VOLÉ

EN REGARDANT L'HEURE SUR TON TÉLÉPHONE, LE CLAVIER DE CE DERNIER TE FAIT PENSER À QUELQUE CHOSE... N'Y AURAIT-IL PAS UNE CORRESPONDANCE ENTRE LES CHIFFRES ET LES LETTRES INDIQUÉES SUR LES TOUCHES ?

LE QUATRIÈME CHIFFRE DU CODE EST :

LE TABLEAU VOLÉ

ÉNIGME 5

Sur le sol, tu trouves un magazine. Tu le feuillettes et tu tombes sur une page de jeux, tu remarques qu'une case est entourée au feutre rouge. Tu te mets au travail.

Escape City

LE PETIT GÉNIE

L'histoire vraie du petit génie… Pages 16 et 17

VOL. 127 - NO. 39 — *11 FÉVRIER 2019* — *2,35 €*

	6	8	1	9		5	2	3
5	3	1	8		6	9	7	4
9	2	4	7	5	3	8	6	1
2	4	5		7	1	3	8	6
3		6	2	4	8	1		9
1		9	6		5	7	4	2
8	9	3	5		2	4	1	
6		7	4	1	9		3	8
4		2	3	8	7	6	9	5

LE CINQUIÈME CHIFFRE DU COFFRE EST :

DANS UN SUDOKU, IL DOIT Y AVOIR LES CHIFFRES 1 À 9 UNE SEULE FOIS SUR CHAQUE LIGNE, CHAQUE COLONNE, CHAQUE CARRÉ.

ÉNIGME 6

Tu as désormais tous les chiffres du code et tu ouvres le coffre, satisfait. Malheureusement, le bandit a pris ses précautions. Un second coffre plus petit se trouve dans le grand coffre. Ce dernier est accompagné d'un calepin contenant des notes énigmatiques. Peut-être s'agit-il d'indices permettant de trouver le nouveau code. Ce dernier comprend encore 5 chiffres.

#1

1	A	B	C	D	E	F	G	H	I	J	K	L	M	N	O	P	Q	R	S
2																			
3																			
4																			
5																			
6																			
7																			
8																			
9																			
10																			
11																			
12																			
13																			
14																			
15																			

C2 D2 E2 E3 N3 P3 C4 D4 E4 H4 J4 N4 P4 E5 I5
N5 O5 P5 C6 D6 E6 H6 J6 P6 P7 C9 I9 J9 K9
K10 B11 C11 D11 I11 J11 K11 I12 C13 I13 J13 K13

Le premier chiffre du second coffre est :

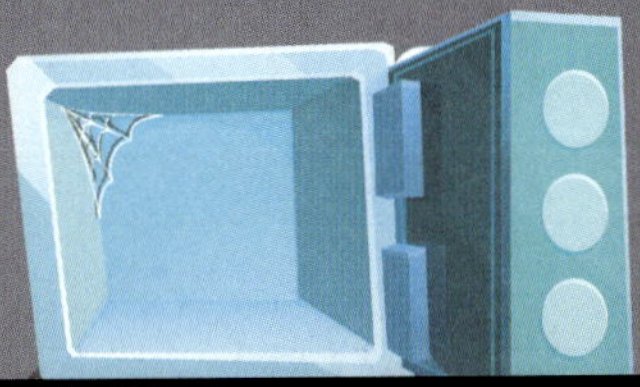

LE TABLEAU VOLÉ

ÉNIGME 7

Sur la deuxième page du bloc, voici ce que tu trouves.

#2

- TRACE UN CERCLE DE CENTRE O ET DE RAYON 8 CM.
- TRACE UN DIAMÈTRE [AB].
- SUR [AB], PLACE [CD]= 5 CM. SON MILIEU EST O.
- TRACE LA DROITE PERPENDICULAIRE À [AB] PASSANT PAR C. ELLE COUPE LE CERCLE EN E ET F.
- TRACE LA DROITE PARALLÈLE À [EF] ET PASSANT PAR D. ELLE COUPE LE CERCLE EN G ET H (G EST DU MÊME CÔTÉ QUE F).

COMMENT S'APPELLE LA FIGURE EFGH ?

ÉRRAC	ELGNATCER
1	2
EMMARGOLÈLLARAP	EGNASOL
3	4

POUR RÉPONDRE À L'ÉNIGME, TU TRACES CE PROGRAMME DE CONSTRUCTION SUR UNE FEUILLE.

LE SECOND CHIFFRE DU SECOND COFFRE EST :

LE TABLEAU VOLÉ

ESCAPE GAME N°4

ÉNIGME 8

Sur la troisième page, voici ce que tu trouves.

#3

YZIIV OVH XZHVH JFR ULMG XVMG

A→Z B→Y C→X D→W E→V F→...

12 + 88	82+28	64 + 46	75+15	8 + 92
47 + 53	27+ 73	71 + 29	67 + 43	43 + 57
31 + 69	45 + 55	68 + 42	83 + 7	36 + 74
44 + 56	37 + 63	72 + 28	88 + 22	61 + 39
53 + 47	78 + 22	24 + 76	29 + 81	47 + 53

LE TROISIÈME CHIFFRE DU SECOND COFFRE EST :

LE TABLEAU VOLÉ

ÉNIGME 9

Sur la quatrième page voici ce que tu trouves.

CARRÉ MAGIQUE = 70

#4

25	6	7	13	
		21	22	3
18		5		12
2	8		20	
16	17			10

Dans un carré magique, la somme de chaque ligne et de chaque colonne est identique.

LE QUATRIÈME CHIFFRE DU SECOND COFFRE EST :

ÉNIGME 10

Sur la cinquième page, un texte écrit à l'envers t'intrigue.

CALCULE LE QUART DU PRODUIT DE LA MOITIÉ
DE SIX ET DU TRIPLE DE QUATRE.

SOUSTRAIS DÉSORMAIS LA DIFFÉRENCE ENTRE
LE QUART DU TRIPLE DE HUIT ET LE CINQUIÈME
DU DOUBLE DE DIX ET TU AURAS LE CHIFFRE RECHERCHÉ.

#5

LE CINQUIÈME CHIFFRE
DU SECOND COFFRE EST :

DÉNOUEMENT

Tu as désormais trouvé le code du second coffre. Tu l'ouvres. Que trouves-tu à l'intérieur ?

INDICE 1 : moitié du chiffre trouvé à l'énigme 1.

INDICE 2 : chiffre trouvé à l'énigme 3.

INDICE 3 : numéro de la figure ayant la plus grande aire dans l'énigme 4.

INDICE 4 : chiffre trouvé à l'énigme 5.

INDICE 5 : deuxième chiffre de l'opération apparue à l'énigme 6.

INDICE 6 : double de la réponse à l'énigme 9.

INDICE 7 : chiffre trouvé à l'énigme 10.

REPORTE LES INDICES SUR LE TABLEAU CI-DESSOUS.

INDICE 1	INDICE 2	INDICE 3	INDICE 4	INDICE 5	INDICE 6	INDICE 7

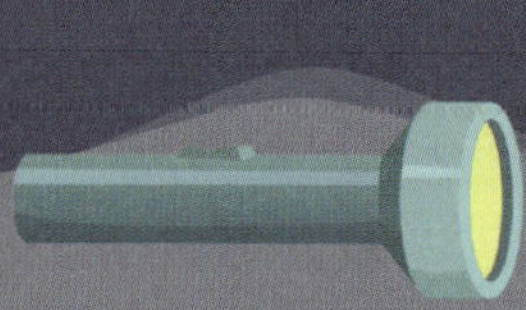

LE TABLEAU VOLÉ

CROISE LE RÉSULTAT DE CHAQUE ÉNIGME AVEC LE NUMÉRO D'INDICE.

	0	1	2	3	4	5	6	7	8	9
INDICE 1	A	T	O	E	C	U	R	O	G	S
INDICE 2	L	U	F	V	S	N	A	É	M	A
INDICE 3	I	U	É	B	A	V	U	Q	O	B
INDICE 4	C	S	A	V	E	N	R	H	L	S
INDICE 5	P	É	D	U	E	R	S	G	B	I
INDICE 6	O	N	I	R	T	D	É	I	A	E
INDICE 7	T	A	É	U	O	I	H	U	F	R

TU TROUVES LE ____________

MINI ESCAPE 4

QUI EST L'ESPION ?

NOUS SAVONS QUE SAMIR RENCONTRE SOUVENT L'AVOCAT ET JULES. LE CHIRURGIEN VIT PRÈS DE CHEZ JULES ET SAMIR. CHAQUE DIMANCHE, LE CHIRURGIEN ET LE POLICIER VONT AU CINÉMA AVEC HECTOR ET JULES.

RETROUVE QUI EST L'ESPION À L'AIDE DES INDICES.

	SAMIR	HECTOR	JULES	LÉO
AVOCAT				
CHIRURGIEN				
POLICIER				
ESPION				

Qui est le shérif ?

Peter, Mike, Tom, Henry et John jouent dans un western.
Chacun a un rôle différent : shérif, voleur, cow-boy, indien et juge.

1. Mike, John et l'Indien se retrouvent souvent pour jouer au poker.
2. Tom, John, Mike et le juge jouent dans la première scène du film.
3. Peter et le cow-boy se querellent souvent.
4. C'est le premier film du cow-boy, alors que le voleur, Tom, Henry et Mike ont déjà tourné ensemble.

Retrouve qui est le shérif à l'aide des indices.

	PETER	MIKE	TOM	HENRY	JOHN
SHÉRIF					
VOLEUR					
COW-BOY					
INDIEN					
JUGE					

HENRY ?
MIKE ? PETER ?
TOM ? JOHN ?

SOLUTIONS

ATTAQUE INTERNET

ÉNIGME 1 P. 7 - Réponse : 6

9 + 6 - 3 + 1 - 7 = 6

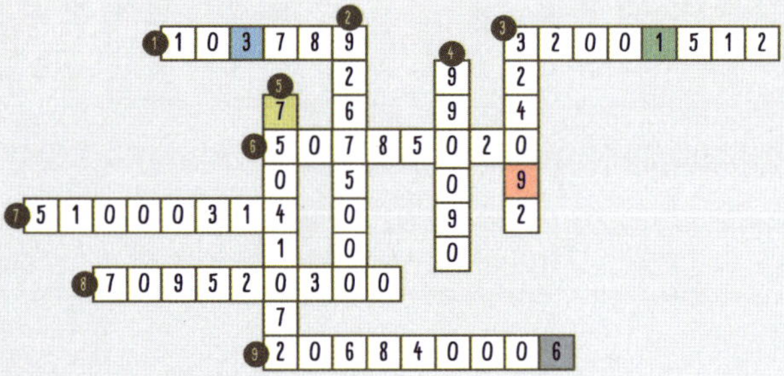

ÉNIGME 2 P. 8 - Réponse : 704

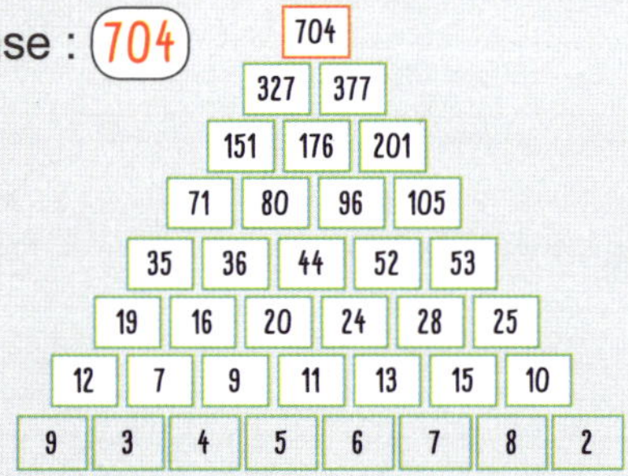

ÉNIGME 3 P. 9 - Réponse : 46

MESSAGE : PERPENDICULAIRES.

ÉNIGME 4 P. 10 - Réponse : 4

IL RESTE 1H21.

ÉNIGME 5 P. 11 - Réponse : 5 IL Y A 14 CARRÉS.

ÉNIGME 6 P. 12 - Réponse : 7 (3 - 1) x 2 + 3 = 7

ÉNIGME 7 P. 13 - Réponse : 3

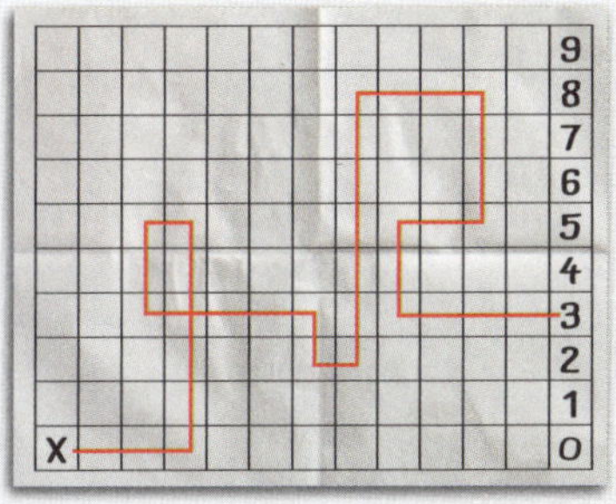

DÉNOUEMENT P. 14 - Le code de désactivation est : 5 7 3

INDICE 1	INDICE 2	INDICE 3	INDICE 4	INDICE 5	INDICE 6	INDICE 7
6	7	6	4	5	7	3

	0	1	2	3	4	5	6	7	8	9
INDICE 1	A	E	T	L	M	U	**R**	O	S	G
INDICE 2	L	U	F	V	S	N	O	**É**	M	A
INDICE 3	I	U	R	È	F	D	**U**	Q	O	B
INDICE 4	C	S	A	V	**S**	N	L	H	D	E
INDICE 5	P	T	D	U	Ê	**S**	S	G	B	A
INDICE 6	O	N	J	R	T	E	T	**I**	P	E
INDICE 7	S	A	R	**E**	T	N	G	D	U	I

LA DÉSACTIVATION DU PROGRAMME PIRATE EST : RÉUSSIE

SUR LES TRACES DE L'ARCHÉOLOGUE

MINI ESCAPE 1

P. 16-17

COFFRE 1 : 805

COFFRE 2 : 385

COFFRE 3 : 773

COFFRE 4 : 808

COFFRE 5 : 399

ÉNIGME 1 P. 19 - Code X : 5131

A = 346 x 8 = 2768

B = 57 x 23 = 1311

C= 641 x 4 = 2564

D = 36 x 42 = 1512

CODE X = A + B + C - D

= 2768 + 1311

+ 2564 - 1512 = 5131.

ÉNIGME 2 P. 20 - Réponses : 45876000 357 865 000

RÉBUS : DÉCROISSANT (DÉ + CROISSANT)

456 654 000 > 423 987 000 > 49 654 000
> 45 876 000 > 42 965 000 > 4 897 000 > 4 567 000

RÉBUS : CROISSANT

3 567 500 < 35 079 700 < 35 789 000 < 35 897 000
< 357 865 000 < 357 987 000 < 375 879 000

ÉNIGME 3 P.21 - Réponse : 5

ÉQUILATÉRAL	ISOCÈLE	RECTANGLE ISOCÈLE	RECTANGLE	QUELCONQUE
2	2	7	2	5

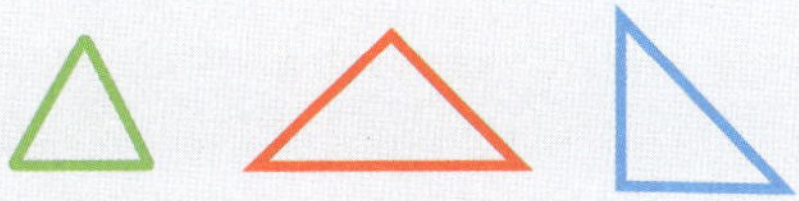

ÉNIGME 4 P.23 - Réponse : E

A	B	C	D	E	F
$\frac{2}{5}$	$\frac{1}{4}$	$\frac{1}{6}$	$\frac{1}{2}$		$\frac{2}{3}$

ÉNIGME 5 P.24 - Réponse : 4

LE PROFESSEUR EST ARRIVÉ EN POSITION N°4

LOCALISATION DE LA CITÉ PERDUE

			X															

 = E  = 4 IL SE TROUVE EN AUSTRALIE.

ÉNIGME 6 P.25 - Réponse : 15 352 KM

1 650 HM = 165 KM

2 000 M = 2 KM

3 500 DAM = 35 KM

165 + 15 150 + 2 + 35 = 15 352

DÉNOUEMENT P. 27

INDICE 1	INDICE 2	INDICE 3	INDICE 4	INDICE 5	INDICE 6
3	6	5	6	9	3

	0	1	2	3	4	5	6	7	8	9
INDICE 1	A	E	T	O	L	U	R	O	G	S
INDICE 2	L	U	F	V	S	N	U	É	M	A
INDICE 3	I	U	R	È	F	V	U	Q	O	B
INDICE 4	C	S	A	V	S	N	R	H	D	E
INDICE 5	P	T	D	U	Ê	S	S	G	B	I
INDICE 6	O	N	R	R	T	E	T	I	P	E

LE MOT CLÉ EST : OUVRIR

MINI ESCAPE 2 P. 28-29

COFFRE 1 : 123

COFFRE 2 : 654

COFFRE 3 : 368

COFFRE 4 : 240

COFFRE 5 : 308

ÉNIGME 1 P. 31 - Indice N° 1 : 4

A	B	C	D	E	F	G	H	I	J	K	L	M
r	s	t	u	v	w	x	y	z	a	b	c	d
N	O	P	Q	R	S	T	U	V	W	X	Y	Z
e	f	g	h	i	j	k	l	m	n	o	p	q

MESSAGE DÉCODÉ : CALCULE LA SOMME DE NEUF-CENT-DOUZE VIRGULE NEUF ET DE SEPT-CENT-QUATRE-VINGT-TROIS VIRGULE TRENT-HUIT. CALCULE LA DIFFÉRENCE ENTRE MILLE-ONZE ET SEPT-CENT-CINQUANTE-TROIS VIRGULE QUATORZE.
ADDITIONNE TES DEUX RÉSULTATS.
LE CHIFFRE DES CENTIÈMES DE LA RÉPONSE EST L'INDICE.

912,9 + 783,38 = 1 696,28   1 011 - 753,14 = 257,86   1 696,28 + 257,86 = 1 954,14

ÉNIGME 2 P. 32 - Indice N° 2 : 6

345,7 > 34,57	5,75 > 5,6	43,6 > 42,8	6,75 > 5,78	7 > 6,999
54 > 5,65	75,08 < 75,8	65,1 < 65,2	7,87 < 7,89	45,8 > 45,7
78,5 > 8,45	45,07 < 45,9	34,5 > 34,41	54,77 > 54,6	7,89 > 7,65
9,7 > 9,6	54,6 < 546	7,77 > 0,99	12 > 11,87	56,01 > 56,001
7,65 > 6,9	9,7 < 9,76	3,57 < 35,7	54,67 < 54,8	45,7 > 45,68
32,54 > 3,54	5,908 < 5,99	6,7 > 6,4	8,97 < 9,01	12,6 > 12,4
9,87 > 9,821	6,78 < 6,9	23,65 > 21,87	6,65 < 6,7	34,65 > 34,56
10,5 > 10,43	3,75 < 4,7	34,7 < 35,1	5,78 < 57,08	23 > 16,75

ÉNIGME 3 P. 33 - Indice N° 3 : 4

NOMBRE DE FACES SOLIDE A = 6
NOMBRE DE SOMMETS SOLIDE B = 5
NOMBRE D'ARÊTES SOLIDE C = 12
NOMBRE DE FACES SOLIDE D = 5
NOMBRE DE SOMMETS SOLIDE E = 4

6 - 5 + 12 - 5 - 4 = 4.

ÉNIGME 4 P. 34 - Indice N° 4 : 9

$\frac{1}{4}$	$\frac{2}{3}$	$\frac{5}{4}$	$\frac{3}{2}$	$\frac{7}{5}$	$\frac{6}{7}$
$\frac{1}{2}$	$\frac{3}{4}$	$\frac{9}{6}$	$\frac{5}{7}$	$\frac{4}{3}$	$\frac{3}{8}$
$\frac{3}{5}$	$\frac{6}{10}$	$\frac{7}{4}$	$\frac{8}{5}$	$\frac{5}{3}$	$\frac{4}{5}$
$\frac{4}{4}$	$\frac{3}{3}$	$\frac{2}{2}$	$\frac{10}{10}$	$\frac{7}{2}$	$\frac{7}{7}$
$\frac{6}{6}$	$\frac{9}{9}$	$\frac{7}{6}$	$\frac{6}{5}$	$\frac{8}{7}$	$\frac{8}{8}$

ÉNIGME 5 P. 35 - Indice N° 5 : 4

4 LETTRES, C'EST MARC.

	JULIE	ANA	MARC	ACHILLE
NATATION	X	X	X	O
JUDO	X	X	O	X
FOOTBALL	X	O	X	X
RUGBY	O	X	X	X

ÉNIGME 6 P. 36 - Indice N° 6 : 6

MESSAGE : CALCULE LE PÉRIMÈTRE DU CARRÉ PUIS SOUSTRAIS CELUI DU RECTANGLE.
P. CARRÉ = 8 X 4 = 32 CM
P. RECTANGLE = (9 + 4) X 2 = 26 CM
32 - 26 = 6.

ÉNIGME 7 P. 37 - Indice N° 7 : 3

C'EST UN LOSANGE.

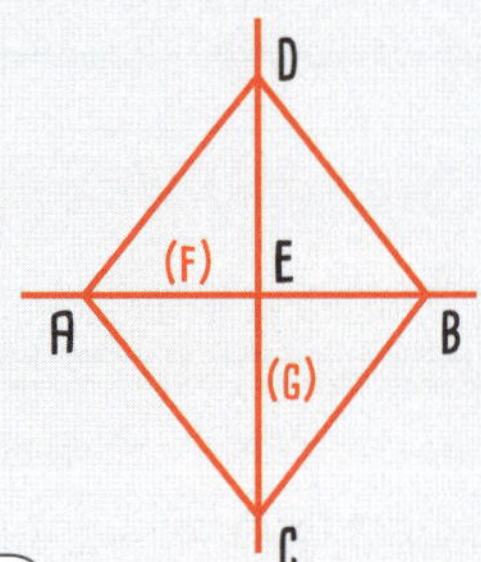

ÉNIGME 8 P. 38-39 - Indice N° 8 : 2

MESSAGE CODÉ : PYRAMIDE MULTIPLICATIVE.
L'INDICE EST LE CHIFFRE DES UNITÉS
DU NOMBRE AU SOMMET.

6692,22
91,8 | 72,9
10,2 | 9 | 8,1
3,4 | 3 | 3 | 2,7

ÉNIGME 9 P. 40-41 - Indice N° 9 : 7

MESSAGE CODÉ : INDICE CHIFFRE DES DIZAINES DE LA RÉPONSE.

KL	hL	daL	L	dL	cL	mL
			1	0	0	0
				3	5	0
			4	3	0	0
				4	2	1
			6	0	7	1

ÉNIGME 10 P. 43 - Indice N°10 : 4

4	34	26	14	32	22
35	37	25	41	55	65
9	49	21	53	27	33
39	23	11	17	57	51
8	16	22	29	26	28

DÉNOUEMENT P. 44-45

INDICE 1	INDICE 2	INDICE 3	INDICE 4	INDICE 5
4	6	4	9	4
INDICE 6	INDICE 7	INDICE 8	INDICE 9	INDICE 10
6	3	2	7	4

	0	1	2	3	4	5	6	7	8	9
INDICE 1	A	E	O	L	T	U	R	O	G	S
INDICE 2	L	U	F	V	S	N	U	É	M	A
INDICE 3	I	U	R	È	A	V	U	Q	O	B
INDICE 4	C	S	A	V	E	N	R	H	D	S
INDICE 5	P	É	D	U	R	S	S	G	B	I
INDICE 6	O	N	R	R	T	D	É	I	P	E
INDICE 7	T	A	É	U	O	I	H	N	F	R
INDICE 8	I	P	S	L	G	F	D	E	S	E
INDICE 9	A	C	B	E	R	T	I	S	J	S
INDICE 10	O	U	R	D	I	S	C	V	E	A

LE MOT CLÉ EST :

TU AS RÉUSSI

MINI ESCAPE 3

P. 46-47

3	17	12	10
16	6	7	13
9	11	18	4
14	8	5	15

7	29	6	25	20	24
3	31	8	21	22	26
5	9	28	23	27	19
32	36	1	14	18	10
30	4	35	12	13	17
34	2	33	16	11	15

LE TABLEAU VOLÉ

ÉNIGME 1 P. 49 - Le premier chiffre du code est : 2

MESSAGE CODÉ : EFFECTUE LES DIVISIONS ET COLORIE EN NOIR CELLES DONT LE RÉSULTAT EST ENTRE VINGT ET TRENTE

72 : 3	160 : 5	264 : 8	175 : 7	133 : 7	108 : 6	56 : 2
130 : 5	153 : 9	184 : 8	189 : 9	140 : 5	108 : 3	174 : 6
116 : 4	224 : 7	136 : 4	243 : 9	128 : 4	148 : 4	208 : 8

ÉNIGME 2 P. 50 - Le second chiffre du code est : 7

MESSAGE : BARRE LES PAIRES.

ÉNIGME 3 P. 51 - Le troisième chiffre du code est : 6

MESSAGE : TRACE L'AXE DE SYMÉTRIE ET GRISE LA PARTIE GAUCHE.

4+ 5 - 3 = 6.

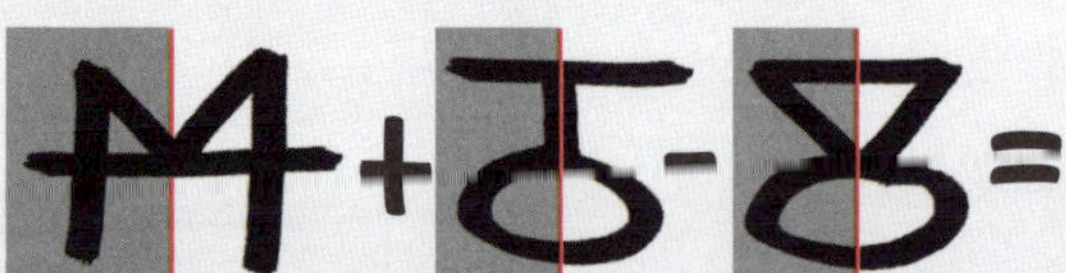

ÉNIGME 4 P. 52-53 - Le quatrième chiffre du code est : 2

FIGURE 1 : 77 U.A / FIGURE 2 : 70 U.A / FIGURE 3 : 81,5 U.A / FIGURE 4 : 79,5 U.A

MESSAGE CODÉ : LE QUATRIÈME CHIFFRE EST LE NUMÉRO DE LA FIGURE COMPTANT LE MOINS D'UNITÉS D'AIRE.

ÉNIGME 5 P. 54 - Le cinquième chiffre du code est : 8

7	6	8	1	9	4	5	2	3
5	3	1	8	2	6	9	7	4
9	2	4	7	5	3	8	6	1
2	4	5	9	7	1	3	8	6
3	7	6	2	4	8	1	5	9
1	8	9	6	3	5	7	4	2
8	9	3	5	6	2	4	1	7
6	5	7	4	1	9	2	3	8
4	1	2	3	8	7	6	9	5

ÉNIGME 6 P. 55 - Le premier chiffre du second coffre est : 6

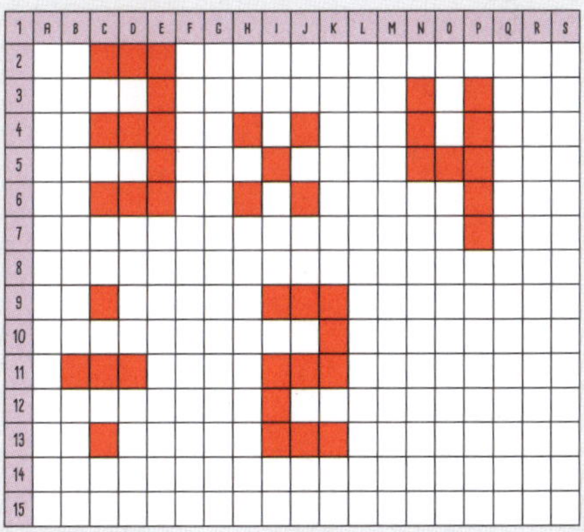

ÉNIGME 7 P. 56 - Le second chiffre du second coffre est : 2

LA FIGURE EFGH EST UN RECTANGLE.

ÉRRAC	ELGNATCER	EMMARGOLÉLLARAP	EGNASOL
CARRÉ	RECTANGLE	PARALLÉLOGRAMME	LOSANGE
1	2	3	4

ÉNIGME 8 P. 57 - Le troisième chiffre du second coffre est : 7

MESSAGE CODÉ : BARRE LES CASES QUI FONT CENT.

~~12 + 88~~	82+28	64 + 46	75+15	~~8 + 92~~
~~47 + 53~~	~~27 + 73~~	~~71 + 29~~	67 + 43	~~43 + 57~~
~~31 + 69~~	~~45 + 55~~	68 + 42	83 + 7	36 + 74
~~44 + 56~~	~~37 + 63~~	~~72 + 28~~	88 + 22	~~61 + 39~~
~~53 + 47~~	~~78 + 22~~	~~24 + 76~~	29 + 81	~~47 + 53~~

ÉNIGME 9 P. 58 - Le quatrième chiffre du second coffre est : 4

25	6	7	13	19
9	15	21	22	3
18	24	5	11	12
2	8	14	20	26
16	17	23	4	10

ÉNIGME 10 P. 59 - Le cinquième chiffre du second coffre est : 7

(1/4 x 6 : 2) x (4 x 3) = 0,75 x 12 = 9.

(1/4 x 3 x 8) - (1/5 x 2 x10) = 6 - 4 = 2

9 - 2 = 7

DÉNOUEMENT P. 60-61

INDICE 1	INDICE 2	INDICE 3	INDICE 4	INDICE 5	INDICE 6	INDICE 7
1	6	3	8	4	8	7

LE TABLEAU VOLÉ

	0	1	2	3	4	5	6	7	8	9
INDICE 1	A	T	O	E	C	U	R	O	G	S
INDICE 2	L	U	F	V	S	N	A	É	M	A
INDICE 3	I	U	É	B	A	V	U	Q	O	B
INDICE 4	C	S	A	V	E	N	R	H	L	S
INDICE 5	P	É	D	U	E	R	S	G	B	I
INDICE 6	O	N	I	R	T	D	É	I	A	E
INDICE 7	T	A	É	U	O	I	H	U	F	R

TU TROUVES LE : TABLEAU

MINI ESCAPE 4

P. 62-63

QUI EST L'ESPION ?

	SAMIR	HECTOR	JULES	LÉO
AVOCAT	X	O	X	X
CHIRURGIEN	X	X	X	O
POLICIER	O	X	X	X
ESPION	X	X	O	X

JULES EST L'ESPION.

QUI EST LE SHÉRIF ?

	PETER	MIKE	TOM	HENRY	JOHN
SHÉRIF	X	O	X	X	X
VOLEUR	O	X	X	X	X
COW-BOY	X	X	X	X	O
INDIEN	X	X	O	X	X
JUGE	X	X	X	O	X

MIKE EST LE SHÉRIF.

Achevé d'imprimer en Espagne par Estella Graficas
Dépôt légal : mars 2019 - 323191/05
N° de projet : 11046938 - mars 2021